APPRENDRE à LIRE

Méthode Syllabique

120+ EXERCICES

À Propos de ce Livre

Bienvenue dans un monde merveilleux où les syllabes prennent vie et nous guident à travers l'apprentissage passionnant de la lecture ! Ce livre est spécialement conçu pour accompagner les enfants dans leurs premiers pas vers la lecture en utilisant la méthode syllabique. Préparez-vous à embarquer pour une aventure inoubliable, où les mots se dévoilent peu à peu, et où la magie des syllabes éclate de mille feux !

Ce livre est conçu de manière à encourager l'interaction et l'immersion totale des enfants dans l'apprentissage de la lecture. Ils seront invités à participer activement en lisant à voix haute, en cherchant des mots dans les illustrations et en jouant avec les syllabes. Cela permettra aux enfants de développer leur confiance en eux et de prendre plaisir à lire, tout en renforçant leur compréhension des concepts fondamentaux de la lecture.

Votre opinion compte! Scannez le code QR pour partager votre expérience . Votre avis aide les autres acheteurs à faire des choix éclairés. Merci de prendre le temps de laisser votre commentaire!

Ce cahier appartient à:

l'Alphabet Phonétique International (API)

Lettre	Symbole API	Exemples
a	[a]	"chat" → [ʃa]
b	[b]	"bar" → [baʁ]
c (dur)	[k]	"café" → [kafe]
c (doux)	[s]	"cité" → [site]
d	[d]	"de" → [də]
e	[ə], [ɛ], [e]	"le" → [lə], "mère" → [mɛʁ], "é" → [e]
f	[f]	"faire" → [fɛʁ]
g (dur)	[g]	"gare" → [gaʁ]
g (doux)	[ʒ]	"girafe" → [ʒiʁaf]
h	Ø	"hôtel" → [otɛl]
i	[i]	"île" → [il]
j	[ʒ]	"je" → [ʒə]
k	[k]	"kilo" → [kilo]
l	[l]	"lune" → [lyn]
m	[m]	"mer" → [mɛʁ]
n	[n]	"nous" → [nu]
o	[o], [ɔ]	"eau" → [o], "porte" → [pɔʁt]
p	[p]	"pomme" → [pɔm]
q	[k]	"qui" → [ki]

r	[ʁ]	"rouge" → [ʁuʒ]
s	[s], [z]	"soleil" → [sɔlɛj], "rose" → [ʁoz]
t	[t]	"thé" → [te]
u	[y]	"lune" → [lyn]
v	[v]	"voix" → [vwa]
w	[w]	"wagon" → [vagɔ̃]
x	[ks], [gz]	"axe" → [aks], "exemple" → [ɛgzɑ̃pl]
y	[j]	"yeux" → [jø]
z	[z]	"zèbre" → [zɛbʁ]

ai	[ɛ], [e]	"mais" → [mɛ], "serai" → [səʁe]
au	[o]	"chaud" → [ʃo]
eau	[o]	"bateau" → [bato]
eu	[ø], [œ]	"peur" → [pøʁ], "sœur" → [sœʁ]
ei	[ɛ]	"reine" → [ʁɛn]
gn	[ɲ]	"montagne" → [mɔ̃taɲ]

ill	[ij], [j]	"famille" → [famij], "ville" → [vil]
oi	[wa]	"moi" → [mwa]
ou	[u]	"jour" → [ʒuʁ]
ph	[f]	"téléphone" → [telefɔn]
th	[t]	"théâtre" → [teatʁ]
ch	[ʃ]	"chocolat" → [ʃɔkɔla]
on	[ɔ̃]	"son" → [sɔ̃]
an, am	[ɑ̃]	"an" → [ɑ̃], "chambre" → [ʃɑ̃bʁ]
en, em	[ɑ̃], [ɛ̃]	"vent" → [vɑ̃], "temps" → [tɛ̃]
in, im	[ɛ̃]	"vin" → [vɛ̃], "simple" → [sɛ̃pl]
un, um	[œ̃]	"parfum" → [paʁfœ̃]
y	[y]	"lucide" → [lysid]

Comment utiliser la méthode syllabique:

Phase I: Les lettres de l'alphabet

- Commencez par enseigner les lettres de l'alphabet une par une. Présentez chaque lettre en montrant sa forme écrite en majuscule et en minuscule.

- Enseignez à votre enfant le son de chaque lettre. Utilisez des exemples de mots commençant par chaque lettre pour renforcer l'association entre le son et la lettre.

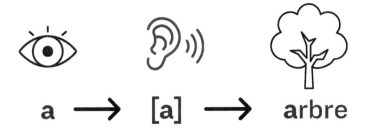

a → [a] → arbre

Phase 2: Les combinaisons de lettres

- Introduisez les combinaisons de lettres courantes qui forment des syllabes, telles que **"ba"**, **"be"**, **"bi"**, **"bo"**, **"bu"**. Enseignez à votre enfant à prononcer chaque combinaison de lettres et à les associer à des mots.
- Utilisez des exemples de mots qui contiennent ces combinaisons de lettres pour aider votre enfant à lire des mots simples.

ba → baleine   bi → bison

Phase 3: Les syllabes et les mots

- Apprenez à votre enfant à segmenter les mots en syllabes. Montrez-lui comment les syllabes sont formées à partir des combinaisons de lettres qu'il a apprises.

Pédale → | Pé | da | le |

- Entraînez lui à lire des mots syllabiques en utilisant des cartes ou des flashcards avec des mots simples.

Phase 4: La lecture de phrases et de textes

- Une fois que votre enfant maîtrise la lecture de mots syllabiques, commencez à introduire des phrases simples.

Les voyelles et les consonnes

- L'alphabet est un ensemble de lettres utilisées pour écrire les mots. Il est composé de 26 lettres, de **A** à **Z**.

- Les voyelles sont des lettres spéciales dans l'alphabet. Elles sont au nombre de 6 : **A, E, I, O, U,** et **Y**

- Les consonnes sont toutes les autres lettres de l'alphabet, à l'exception des voyelles.

Les voyelles	Les consonnes
A E I O U Y	B C D F G H G K L M N P Q R S T V W X Z

Qu'est-ce qu'une syllabe ?

Une syllabe est une partie d'un mot que nous prononçons en une **seule respiration**.

C'est comme une petite **unité de son** dans un mot. Quand nous disons un mot, nous pouvons le diviser en parties appelées **syllabes**

Exemple :

Le mot **"chapeau"**.

Ce mot a deux syllabes. **"Cha"** est une syllabe et **"peau"** est une autre syllabe

cha-peau

Le mot **"éléphant"**

Ce mot a **trois syllabes** : "é-lé-phant". Lorsque nous le prononçons, nous pouvons sentir trois parties distinctes : **"é"**, **"lé"**, et **"phant"**.

é-lé-phant

L'ALPHABET'
(Écriture scripte)

A a	B b	C c	D d
E e	F f	G g	H h
I i	G j	K k	L l
M m	N n	O o	P p
Q q	R r	S s	T t
U u	V v	W w	X x
	Y y	Z z	

L'ALPHABET'

(Écriture cursive)

$\mathcal{A}$ a	$\mathcal{B}$ b	$\mathcal{C}$ c	$\mathcal{D}$ d
$\mathcal{E}$ e	$\mathcal{F}$ f	$\mathcal{G}$ g	$\mathcal{H}$ h
$\mathcal{I}$ i	$\mathcal{J}$ j	$\mathcal{K}$ k	$\mathcal{L}$ l
$\mathcal{M}$ m	$\mathcal{N}$ n	$\mathcal{O}$ o	$\mathcal{P}$ p
$\mathcal{Q}$ q	$\mathcal{R}$ r	$\mathcal{S}$ s	$\mathcal{T}$ t
$\mathcal{U}$ u	$\mathcal{V}$ v	$\mathcal{W}$ w	$\mathcal{X}$ x
	$\mathcal{Y}$ y	$\mathcal{Z}$ z	

A   *A*

a   *a*

avion

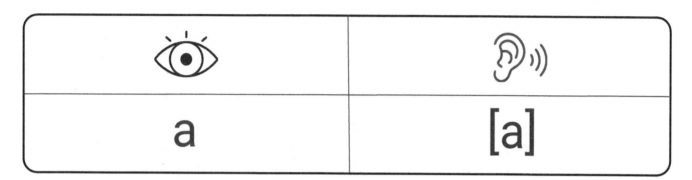

👁	🦻
a	[a]

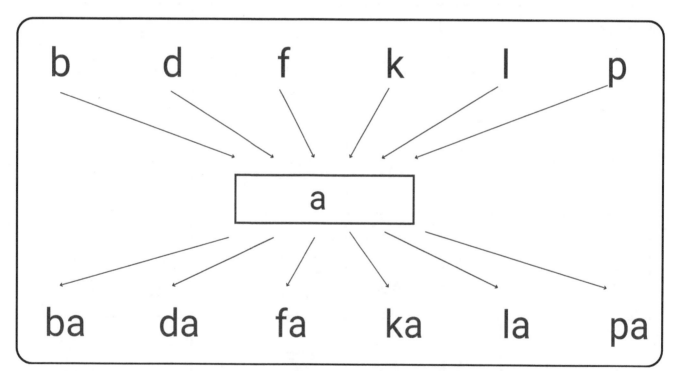

b   d   f   k   l   p

a

ba   da   fa   ka   la   pa

une **a**beille - un **a**telier - une tom**a**te

1. Coche la case si tu entends le son [a].

☐   ☐   ☐   ☐   ☐

2. Relie l'image avec le mot qui lui correspond.

○   ○   ○   ○

○   ○   ○   ○
café   ananas   savon   caméra

3. Écris la lettre a.

E ε

e e

cerise

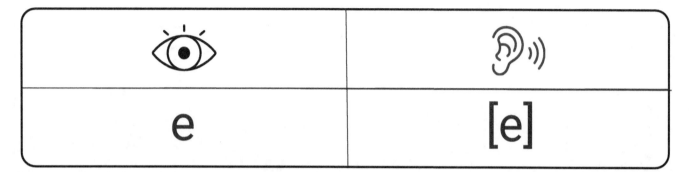

👁	👂
e	[e]

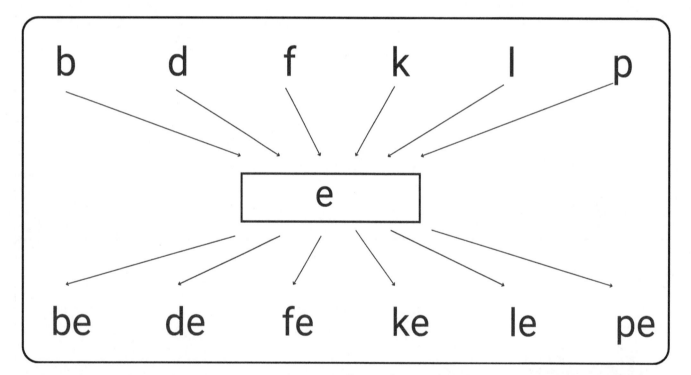

b   d   f   k   l   p

e

be   de   fe   ke   le   pe

un **e**scalier   un **e**scargot   un c**e**rf

1. Relie le mot avec l'image qui correspond. .

 o

o ressort

 o

o cheval

 o

o table

 o

o renard

---

2. Écris la lettre e.

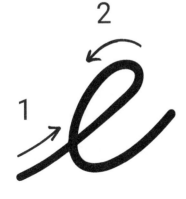

I ⅂

i ⅈ

igloo

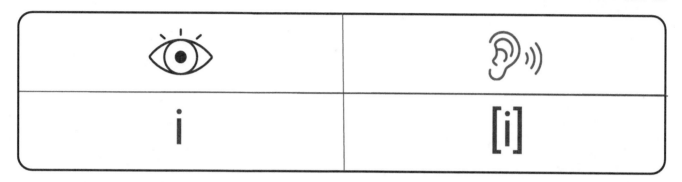

👁	👂
i	[i]

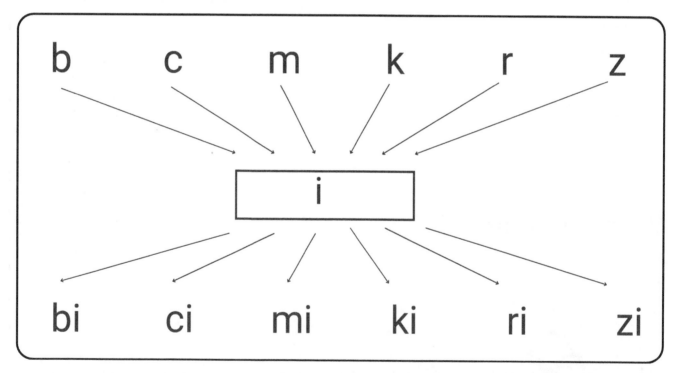

b   c   m   k   r   z

i

bi   ci   mi   ki   ri   zi

un **i**guane   une **î**le   un l**i**on

1. Coche la case si tu entends le son [i].

☐ ☐ ☐ ☐ ☐ ☐

2. Souligne le mot qui contient la lettre 'i'.

chemise   figure   feu   hippopotame

lézard   bison   dinosaure   ballon

citron   table

3. Écris la lettre i.

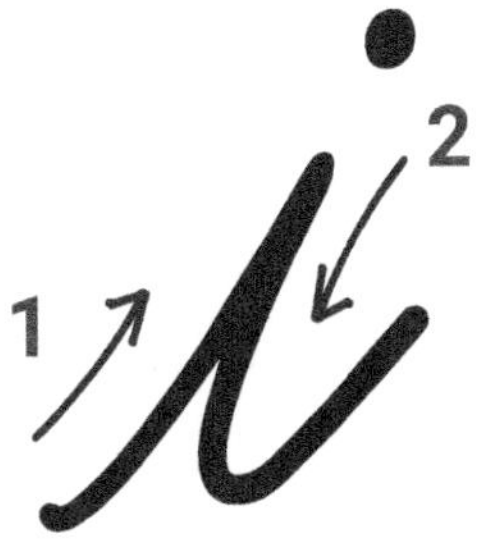

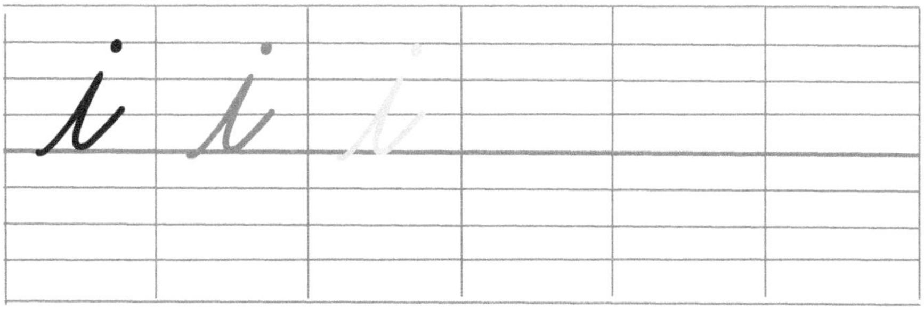

O   O

O   O

orange

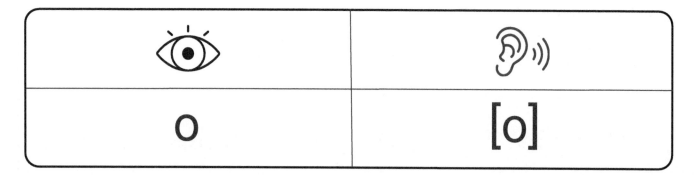	
👁	👂
o	[o]

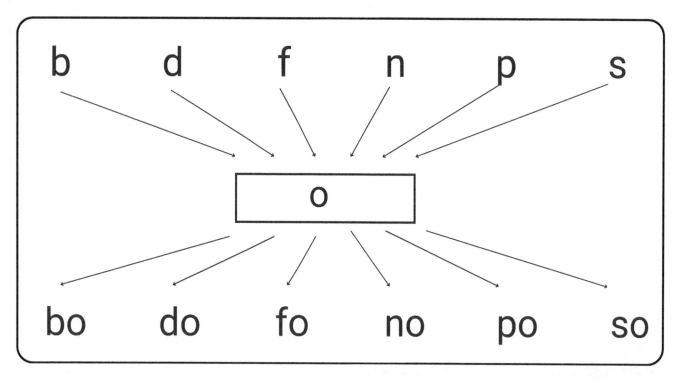

b   d   f   n   p   s

o

bo   do   fo   no   po   so

l'**o**céan   un **o**ct**o**pus   une **o**range

1. Compléte avec les syllabes so | ro | mo | so | to

| | leil |

| vé | |

| | |

| sty | |

| | bi | net |

| | ma | te |

---

2. Écris la lettre o.

1

2

$\mathcal{O}$ $\mathcal{O}$ $\mathcal{O}$

U   𝒰

u   𝓊

uranus

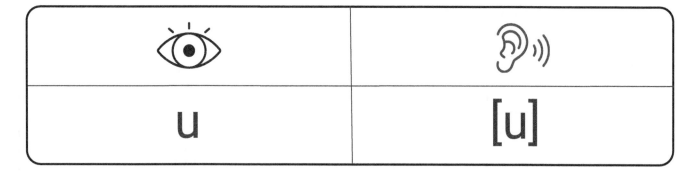	
u	[u]

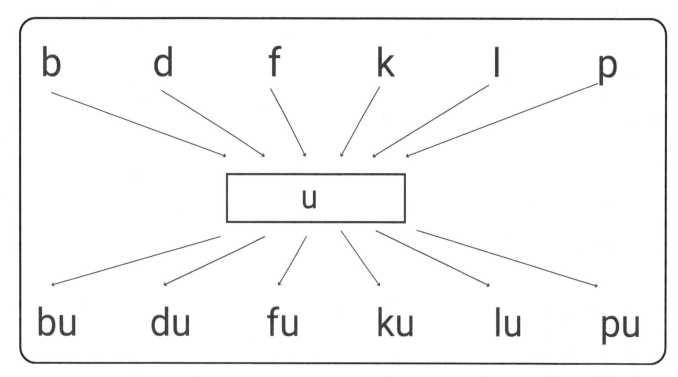

| b | d | f | k | l | p |

u

| bu | du | fu | ku | lu | pu |

l'**u**nivers   une **u**sine   **u**ne stat**u**e

1. Colorie la syllabe que tu entends au début.

du	ju	mu

mu	bu	tu

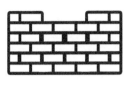

mu	bu	tu

tu	ju	mu

nu	ku	fu

lu	tu	ru

2. Écris la lettre u.

É ℰ

é ℯ

élé**phant**

👁	👂
é	[é]

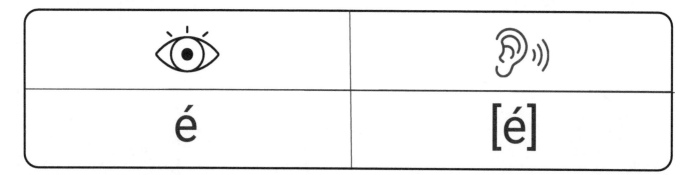

b   d   g   h   m   n

é

bé   dé   gé   hé   mé   né

l'**é**chelle   un b**é**b**é**   un m**é**t**é**ore

1. Relie les mots déchiffrés au dessin correspondant.

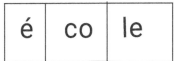

| é | co | le |

| é | cu | reuil |

| é | péé |

| é | toi | le |

| ca | mé | lé | on |

| hé | ris | son |

---

2. Écris la lettre é.

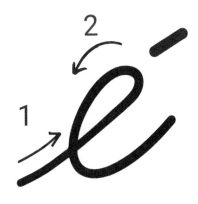

B   ℬ

b   ℓ

bonbon

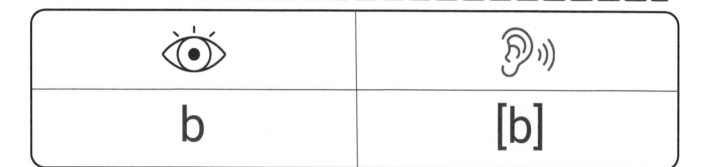

👁	👂
b	[b]

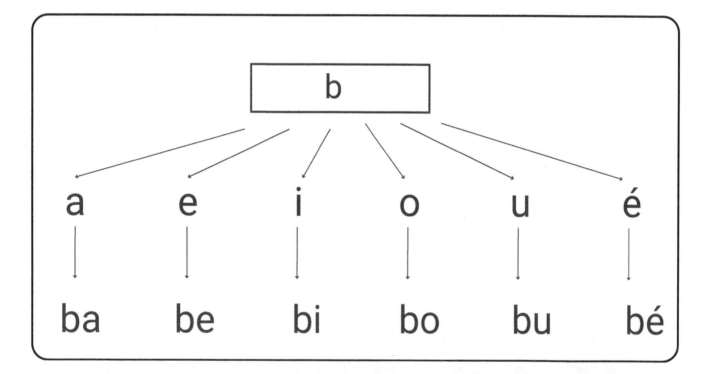

b

a   e   i   o   u   é

ba   be   bi   bo   bu   bé

| un **b**on**b**on | un **b**é**b**é | un tam**b**ourine |

1. Souligne la lettre b.

ARBRE

baleine

banane

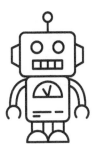

robot

Bébé

bison

2. Écris la lettre b.

2

1

3

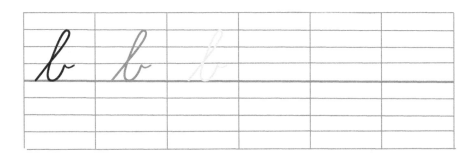

b b b

C c

C c

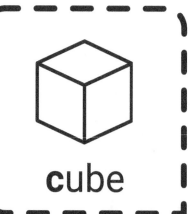

cube

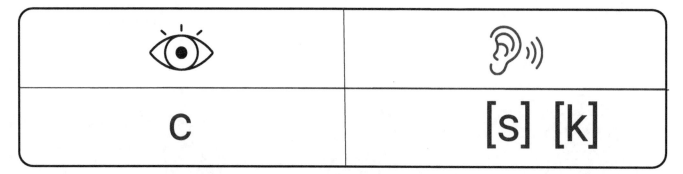

c

[s] [k]

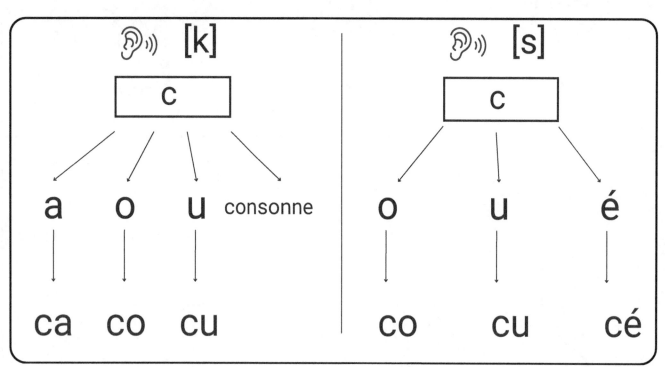

[k]

c

a   o   u   consonne

ca   co   cu

[s]

c

o   u   é

co   cu   cé

un **c**ahier   un **c**ostume   un exer**c**ice

1. Ecris **s** si tu entends le son [**s**] et **k** ci tu entends le son [**k**].

2. Écris la lettre c.

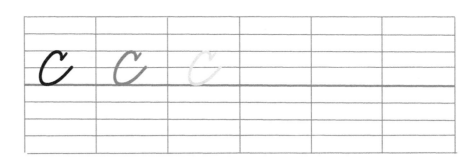

D   𝒟

d   𝒹

dauphin

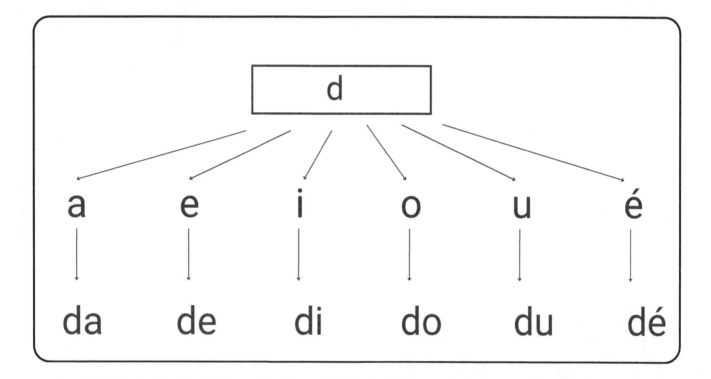	
👁	👂))
d	[d]

d

a   e   i   o   u   é

da   de   di   do   du   dé

un pan**d**a   la **d**in**d**e   un **d**iamant

1. Colorie les cases qui forment le mot.

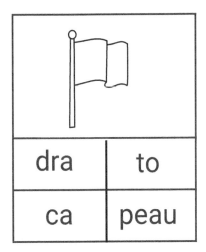

dra	to
ca	peau

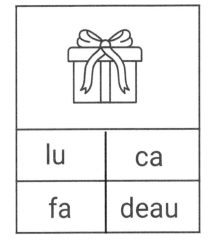

lu	ca
fa	deau

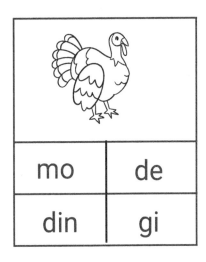

mo	de
din	gi

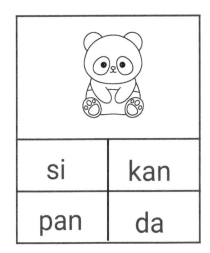

si	kan
pan	da

---

2. Écris la lettre d.

F   *F*

f   *f*

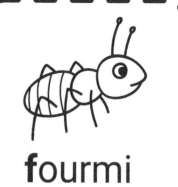

fourmi

👁	👂
f	[f]

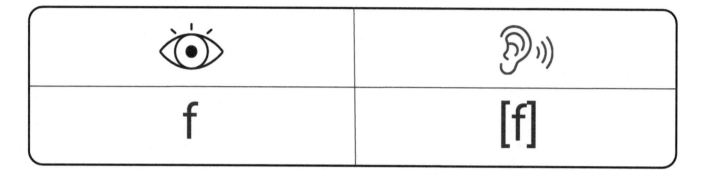

f

a   e   i   o   u   é

fa   fe   fi   fo   fu   fé

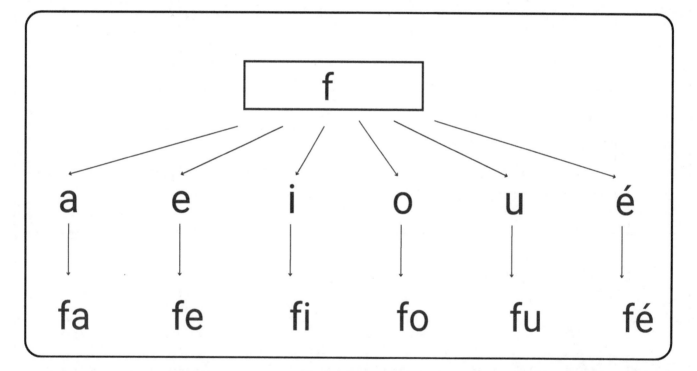

le **f**ootball   la **f**erme   une **f**arine

1. Relie.

 FOOTBALL o   o *feu*

 FENÊTRE o   o *fauteuil*

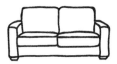 FAUTEUIL o   o *fenêtre*

 FEU o   o *football*

- -

2. Écris la lettre f.

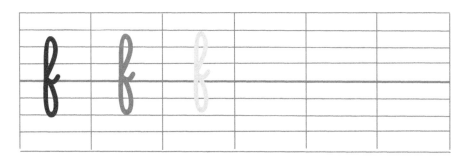

G _G_

g _g_

gymnastique

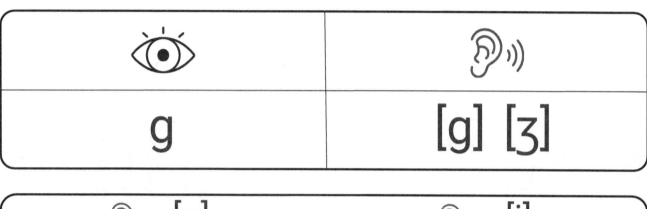

👁	👂))
g	[g] [ʒ]

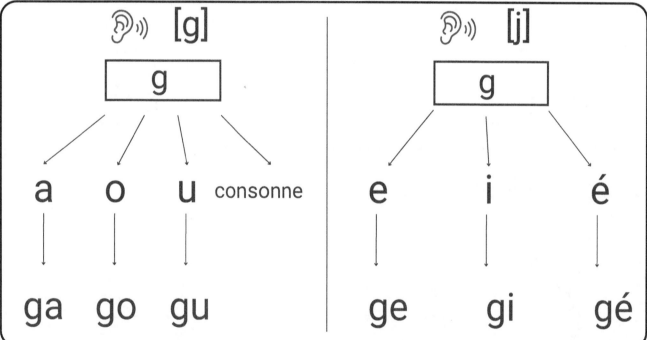

👂)) [g]

g

a → ga

o → go

u → gu

consonne

👂)) [j]

g

e → ge

i → gi

é → gé

une **g**omme	un **g**éant	un ba**g**age

1. Ecris **g** si tu entends le son [g] et **j** si tu entends le son [ʒ].

2. Écris la lettre g

H   ℋ

h   ℎ

hibou

👁	🦻̸
h	[Ø] le "h" est muet

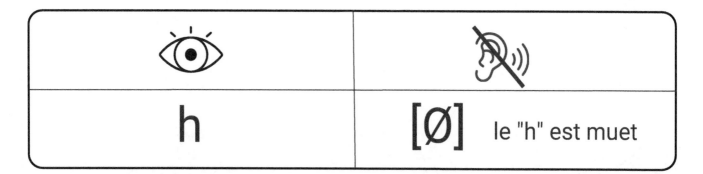

h

a   e   i   o   u   é

ha   he   hi   ho   hu   hé

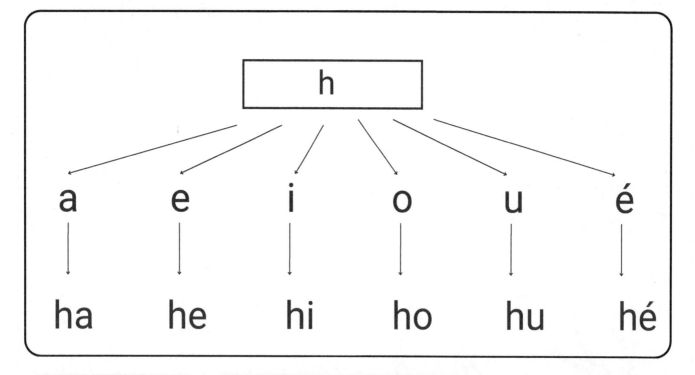

un **h**ôtel   un **h**élicoptère   un **h**iver

1. Remet les syllabes dans le bon ordre puis écris le mot qui correspond.

tel hô

ge lo hor

ris son hé

- - - - - - - - - - - - - - - - -

le hui

key hoc

me hip po po ta

- - - - - - - - - - - - - - - - -

2. Écris la lettre h

2

1

3

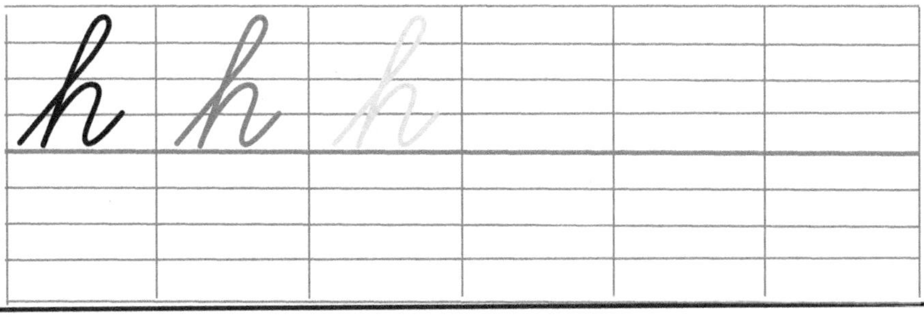

h h h

J ʒ

j ʝ

jouet

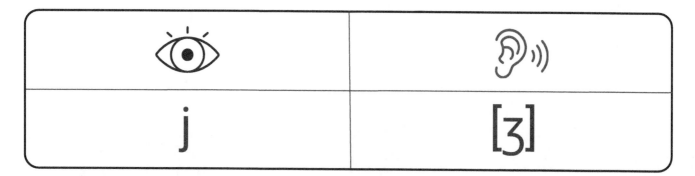

j

[ʒ]

j

a   e   i   o   u   é

ja   je   ji   jo   ju   jé

ajouter   un projet   injecter

1. Entoure le dessin si tu entends le son [ʒ]

2.Colorie tous les cases où il y a **j**, **J**, *ou* 𝒥

a	n	p	j	d	J	ℬ	S
s	d	ℊ	b	a	k	a	o
A	j	𝒥	C	g	j	K	l
m	p	a	ℓ	a	r	f	J

3. Écris la lettre j

K ℋ

k ℓ

kangourou

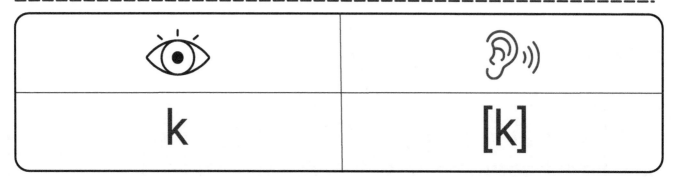

👁	👂
k	[k]

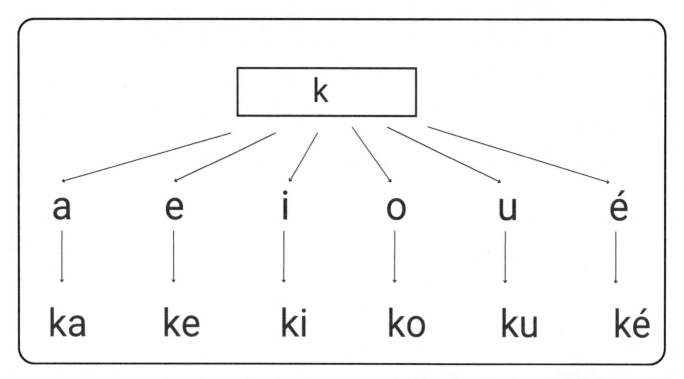

k

a → ka

e → ke

i → ki

o → ko

u → ku

é → ké

un **k**etchup

un **k**iosque

une ba**k**lava

1. Relie l'image avec le mot qui lui correspond.

| kayak |
| basket |
| kimono |
| koala |
| kung fu |
| kilogramme |

2. Écris la lettre k.

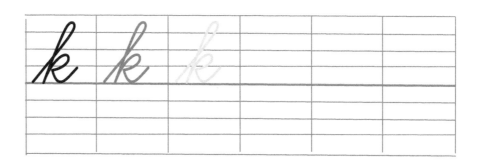

L ℒ

l l

lion

👁	👂
l	[l]

l

a → la

e → le

i → li

o → lo

u → lu

é → lé

une lampe   la lune   un labyrinthe

1. Entoure le dessin si tu entends le son [l].

2. Coche la syllabe dans laquelle tu entends le son [l].

3. Écris la lettre l.

 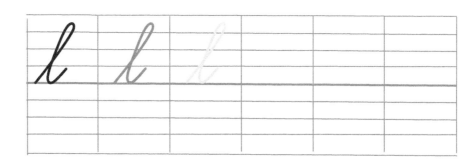

M ℳ
m ℳ

montagne

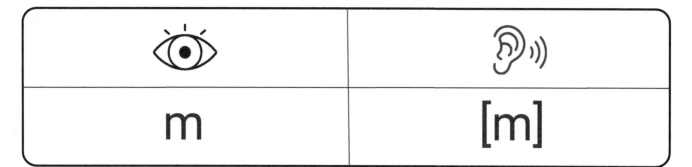

👁	👂
m	[m]

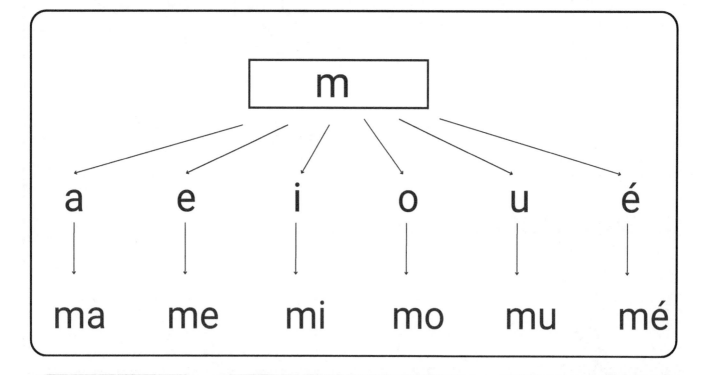

m

a → ma
e → me
i → mi
o → mo
u → mu
é → mé

un **m**iroir   une **m**oustache   une **m**oto

1. Écris la syllabe avec la lettre "m" que tu entends .

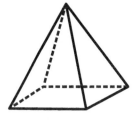

----

2. Écris la lettre m

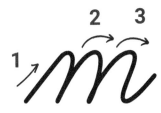

N $\mathcal{N}$

n π

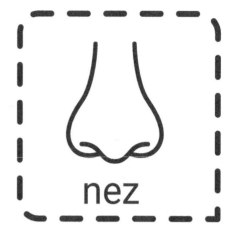

nez

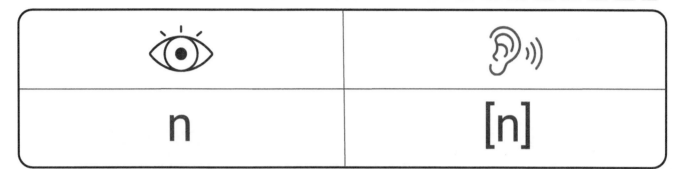

👁	👂))
n	[n]

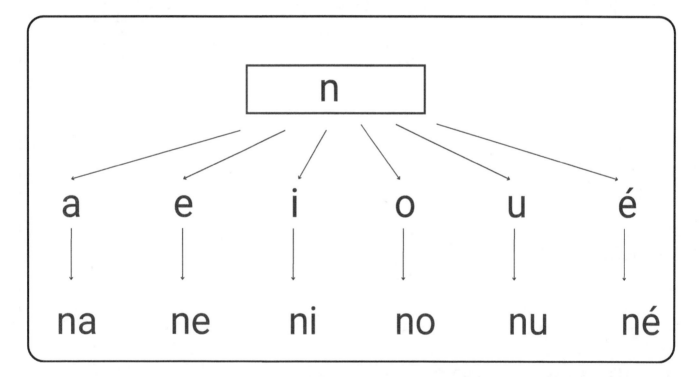

n

a   e   i   o   u   é

na   ne   ni   no   nu   né

un **n**uage

u**n**e **n**ectarine

la so**nn**ette

1. Remets les syllabes dans le bon ordre puis écris le mot correspondant.

ge   nei

ne   na
  ba

nas   na
   a

ᵃ nu ge

ne lu

lé   ne
pho té

----

2. Écris la lettre n.

n n n

P　𝒫

p　𝓅

para**p**luie

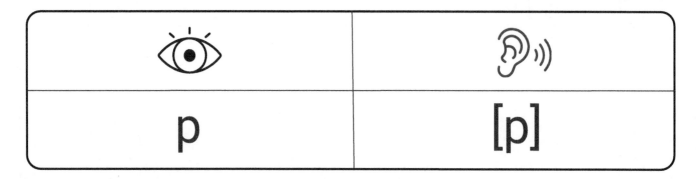

👁	👂
p	[p]

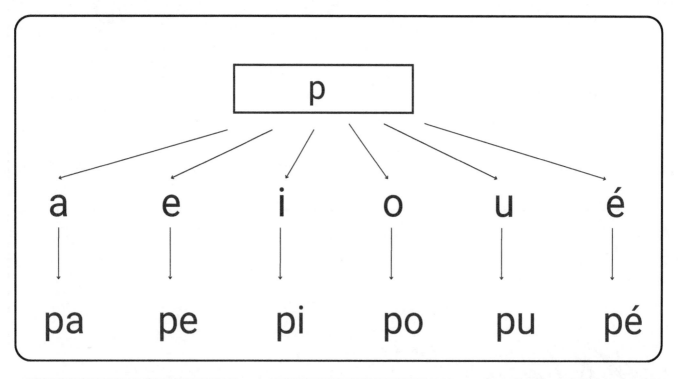

p

a　e　i　o　u　é

pa　pe　pi　po　pu　pé

un **pap**illon　un **p**anier　un la**p**in

1. Entoure le dessin si tu entends le son [p].

2. Observe le modèl puis coche la place du son [p] dans le mot.

3. Écris la lettre p.

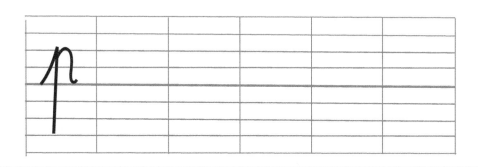

Q q
q q

co**q**

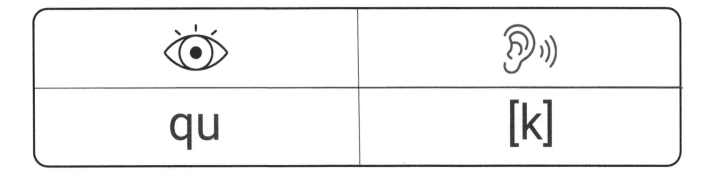

👁	👂
qu	[k]

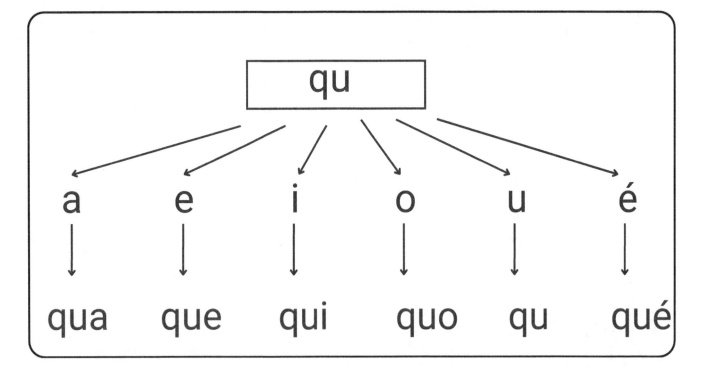

qu

a → qua

e → que

i → qui

o → quo

u → qu

é → qué

quelqu'un   une **qu**estion   uni**qu**e

1. Complète les mots avec les syllabes: *ko* , *qua* , *que* , *car* , *co.*

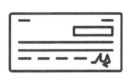

che_____

_____ala

_____tre

_____table

pho_____

cho_____lat

2. Écris la lettre q.

R ℛ

r ∿

robot

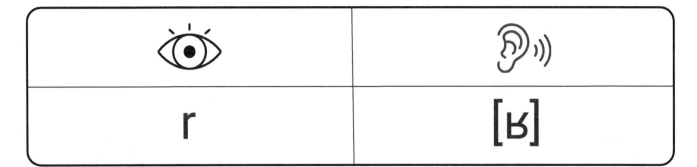

👁	👂
r	[ʁ]

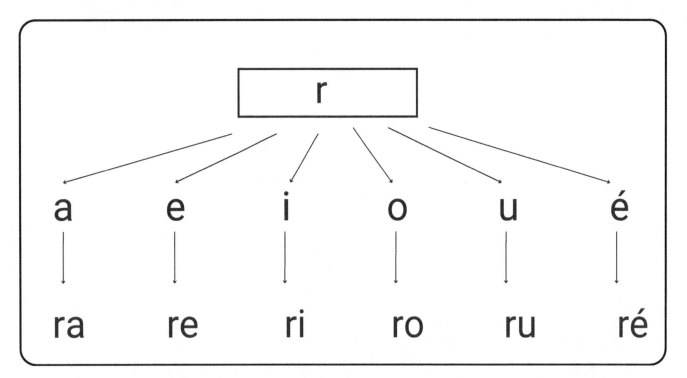

r

a → ra

e → re

i → ri

o → ro

u → ru

é → ré

une **r**aquette | un **r**éveil | un car**ré**

1. Coche la case si tu entends le son [r].

2. Observe le modèl puis Coche la place du son [r] dans le mot.

  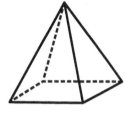 

3. Écris la lettre r.

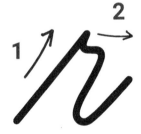 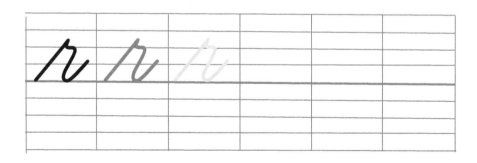

S $\mathcal{S}$

S $\mathcal{s}$

souris

👁	👂
s	[s]

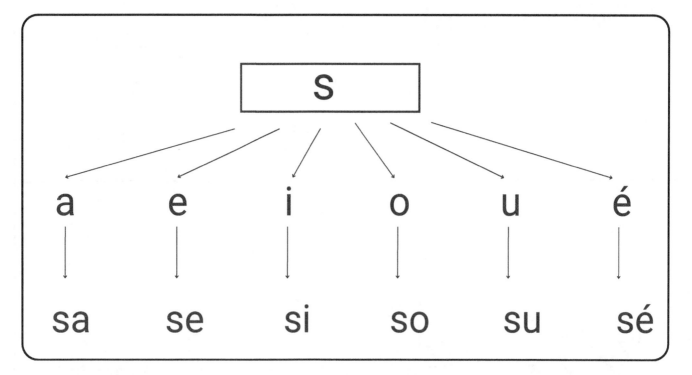

S

a → sa

e → se

i → si

o → so

u → su

é → sé

un **s**inge | du **s**able | une **s**oupe

1. Entoure le dessin si tu entends le son [s].

2. Observe le modèl puis coche la place du son [s] dans le mot.

3. Écris la lettre s.

T ℭ

t ţ

tortue

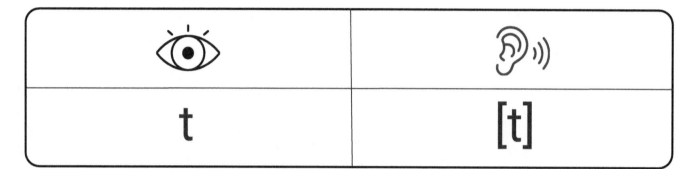

👁	👂)))
t	[t]

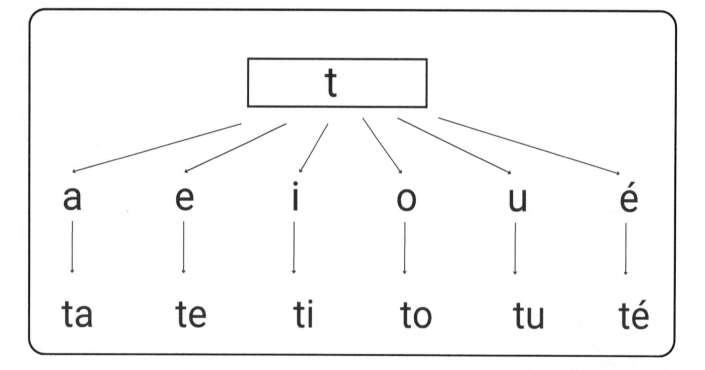

t

a   e   i   o   u   é

ta   te   ti   to   tu   té

une **t**arte   un **t**rain   une minu**t**e

1. Entoure le dessin si tu entends le son [t].

2. Écris la syllabe avec 't' que tu entends .

_te_ _____   _____   _____   _____

3. Écris la lettre t.

 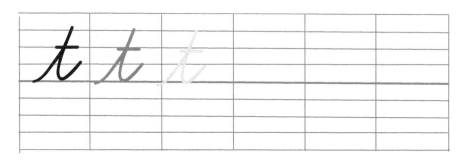

V ϑ
V ℯ

vélo

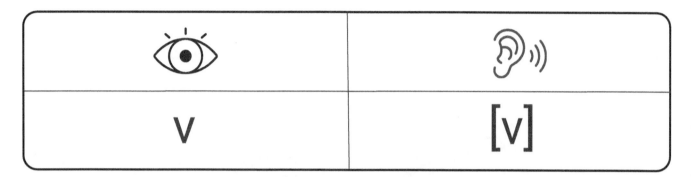

👁	👂
v	[v]

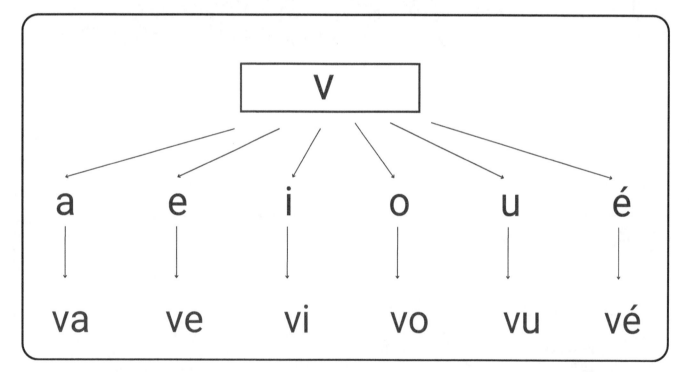

V

a   e   i   o   u   é

va   ve   vi   vo   vu   vé

une **v**ache | le **v**ent | un **v**erre

1. Remets les syllabes dans le bon ordre puis écris le mot correspondant.

re liv

lo vé

che va

_____

_____

_____

ves te

che val ier

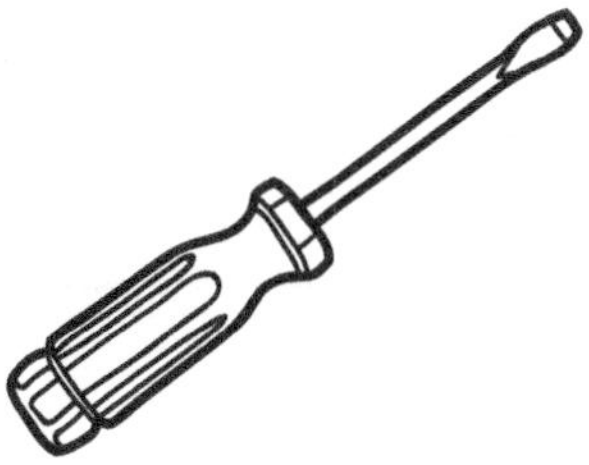

vis ne tour

_____

_____

_____

2. Écris la lettre v.

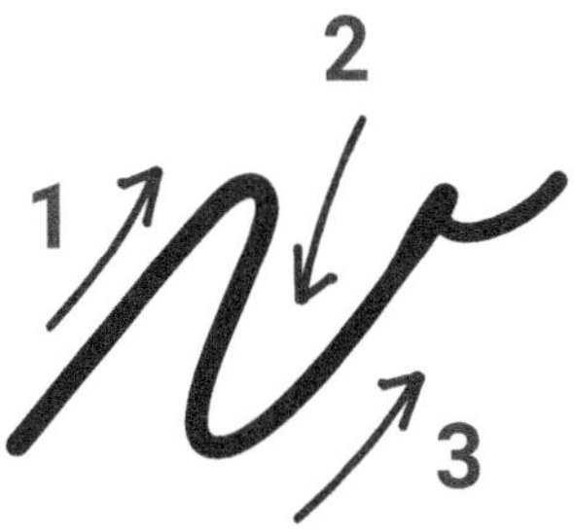

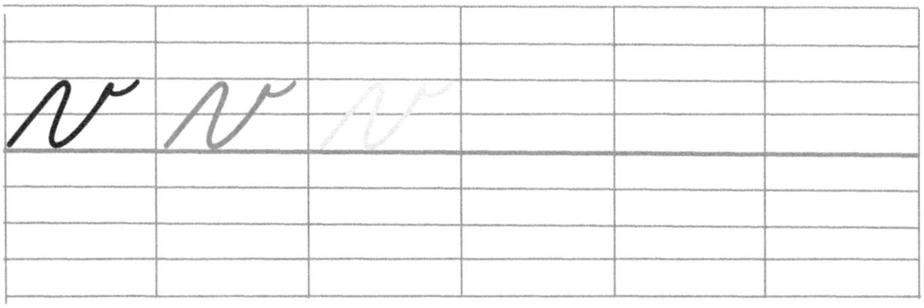

W ᴡ

W w

wagon

👁	👂)))
W	[w]

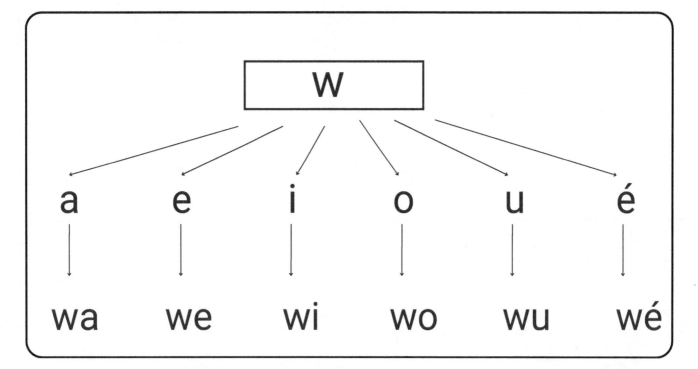

W

a → wa
e → we
i → wi
o → wo
u → wu
é → wé

un **w**ombat   un **w**apiti   un ki**w**i

1. Relie le mot avec l'image qui lui correspond.

○

○ un kiwi

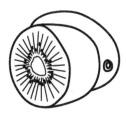
○

○ un wombat

○

○ un wapiti

---

2. Écris la lettre w.

X $\mathcal{X}$

x ∞

taxi

👁	👂))
x	[ks], [gz]

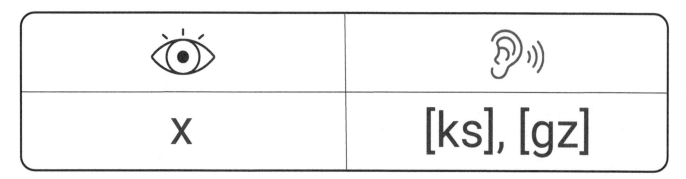

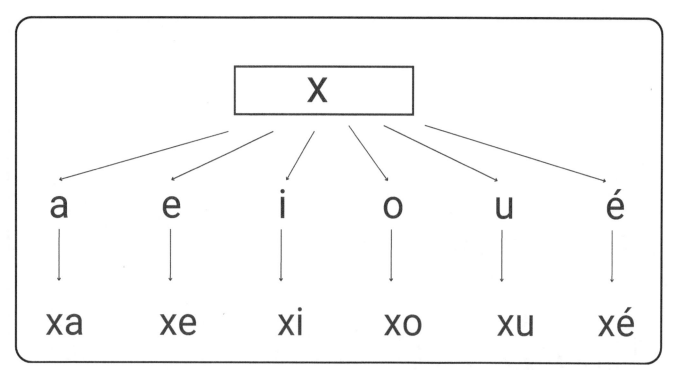

X

a → xa
e → xe
i → xi
o → xo
u → xu
é → xé

| un bo**x**eur | un e**x**pert | le te**x**te |

1. Entoure le dessin si tu entends le son [ks].

2. Colorie tous les cases où il y a X, x, 𝒳, ∝.

a	n	p	j	d	J	∝	S
s	d	∝	b	w	k	a	x
X	j	𝒳	C	g	w	K	l
m	p	a	b	w	x	f	J

3. Écris la lettre x.

Y *y*

y *y*

yacht

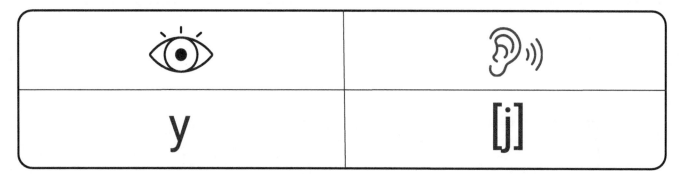

👁	👂
y	[j]

b   d   f   k   l   p

y

by   dy   fy   ky   ly   py

un st**y**lo   un s**y**stème   une p**y**ramide

1. Remet les syllabes dans le bon ordre puis écris le mot qui correspond.

sty lo	ja py ma	yo yo
------------------	------------------	------------------

lon ny	mi de ra py	ourt ya
------------------	------------------	------------------

2. Écris la lettre y.

Z Z
Z z

zèbre

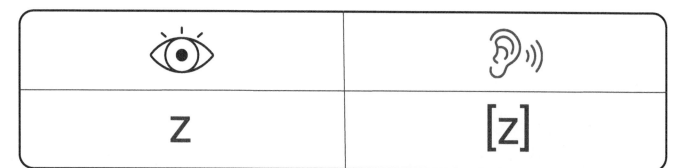

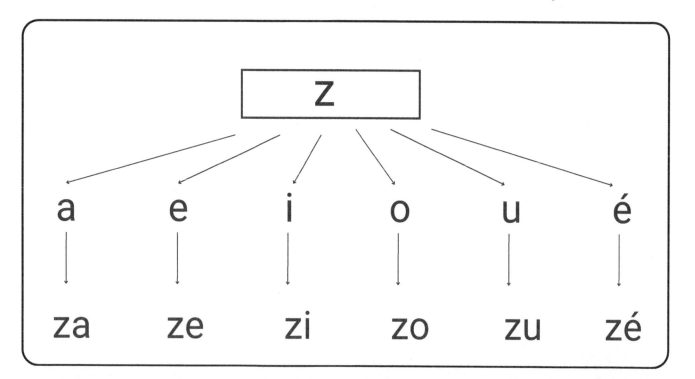	
z	[z]

Z

a   e   i   o   u   é

za   ze   zi   zo   zu   zé

le **z**oo   un **z**este   un **z**ig**z**ag

1. Pour chaque image remet les syllabes on ordre et écris le mot.

zel	gaz	le

....

ro	zé

....

zard	lé

....

---

2. Écris la lettre z.

1↗ ℨ ↓2

ℨ ℨ ℨ

ch *ch*

Cheval

👁	👂)))
ch	[ʃ]

ch

a   e   i   o   u   é

cha   che   chi   cho   chu   ché

un **ch**aton - une **ch**ambre - une bou**ch**e - un ri**ch**e - une bran**ch**e - un cro**ch**et

1. Coche la case si tu entends le son [ʃ].

☐ ☐ ☐ ☐ ☐ ☐

2. Coche la case dans laquelle tu entends le son [ʃ].

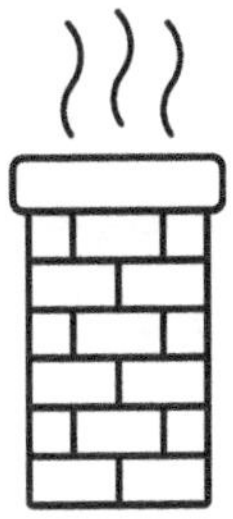

☐☐☐ ☐☐ ☐☐☐ ☐☐

3. Remets les mots dans le bon ordre puis écris la phrase.

saute l'avion   de   parachutiste Le

_____

les	*les*
des	*des*
mes	*mes*
tes	*tes*
ces	*ces*

les bulles

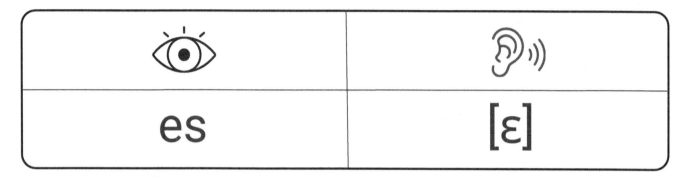

👁	👂
es	[ε]

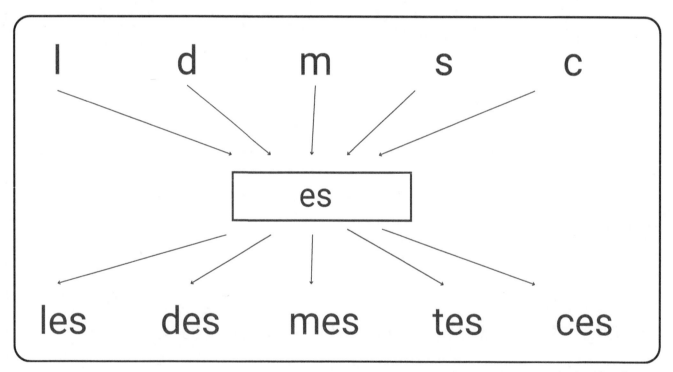

l   d   m   s   c

es

les   des   mes   tes   ces

un chat - **des** chats - **les** chats - **ces** chats - **tes** chats
mes chats

1. Relie chaque dessin au mot qui correspond.

les fleurs
des étoiles
un stylo
des oiseaux
mes livres
un chat

2.Complète avec **un**, **une** ou **des**.

...... tasse   .... fruits   .... lit   .... bonbons

3. Met au pluriel.

un enfant ....   la maison ....

mon livre ....   le garçon ....

une bouteille ....   ton père ....

ou ou

ourse

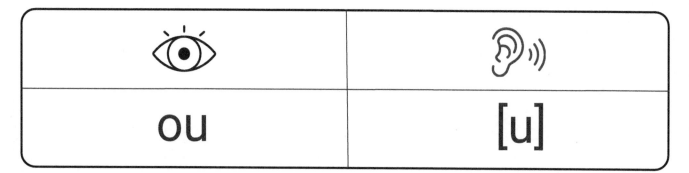

👁	👂
ou	[u]

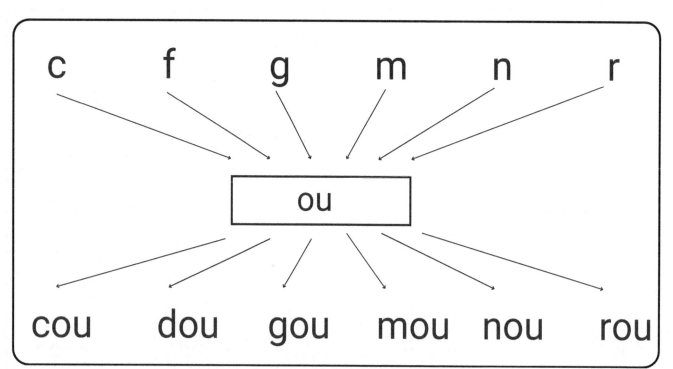

c   f   g   m   n   r

ou

cou   dou   gou   mou   nou   rou

ouvrir - un **ou**til - le **ou**est - une ch**ou**ette - un bij**ou** - un gen**ou** - ce tr**ou**

1. Coche la case si tu entends le son [u].

☐ ☐ ☐ ☐ ☐

2. Lis les mots puis entoure les 'ou'.

clou bouteille roue jupe bijou trou pain hibou

3. Ecris les mots sous les dessins.

poulet _____ _____ _____

4. Remets les mots dans le bon ordre puis écris la phrase.

roue avec joué a Elle une

_____

an *an*
am *am*

lampe

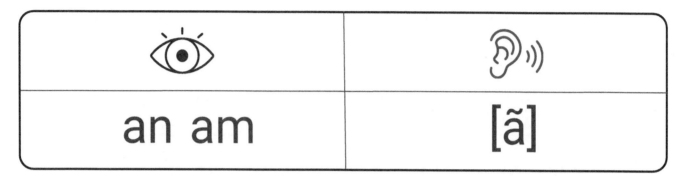

an am | [ã]

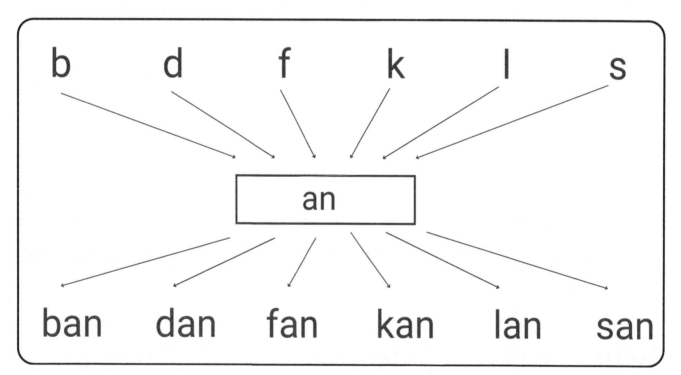

b   d   f   k   l   s

an

ban   dan   fan   kan   lan   san

un **pan**talon - un gr**an**d - une pl**an**te - un ch**amp** - une **am**poule - une **lam**pe

1. Cosh la case si tu entends le son [ã] .

☐ ☐ ☐ ☐ ☐ ☐

2. Reconstitue les mots.

gou kan rou   pou le am   phant lé é

┌─────────────┐   ┌─────────────┐   ┌─────────────┐
│   │   │   │   │   │
│   │   │   │   │   │
│ .... │   │ .... │   │ .... │
└─────────────┘   └─────────────┘   └─────────────┘

3. Souligne le mots dans lesquelles tu entends le son [ã].

jambe   tambour   arbre   pantalon

poussin   france   blanc

4. Remets les mots dans le bon ordre puis écris la phrase.

bambou   mange   Le   panda   du

....

en   *en*

em   *em*

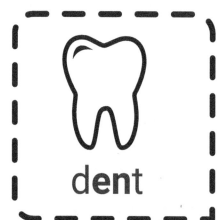

d**en**t

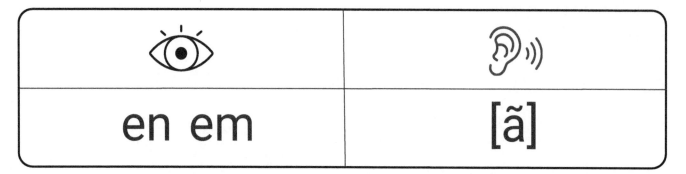

| en em | [ã] |

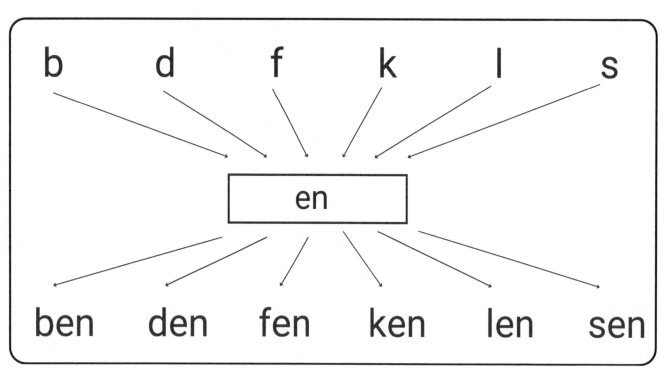

b   d   f   k   l   s

en

ben   den   fen   ken   len   sen

un **en**fant - un s**en**s - un c**en**t - un v**en**t - un **em**pire - un **em**baller - un ex**em**ple

1. Coche la case si tu entends le son [ã]

☐   ☐   ☐   ☐   ☐

2. Reconstitue les mots.

bal em ge la   re vend di   te sui en

....	....	....

3. Entoure les lettres qui font le son [en] dans chacun des mots.

enveloppe livre temps comment

poussin grenade robot

4. Remets les mots dans le bon ordre puis écris la phrase.

attend   parents   Elle   ses

....

et   et

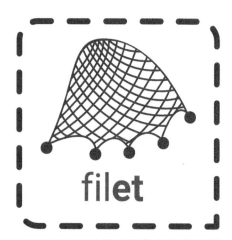

filet

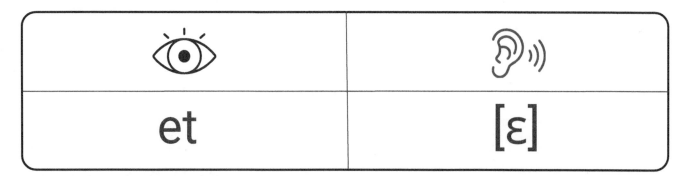

👁	👂
et	[ɛ]

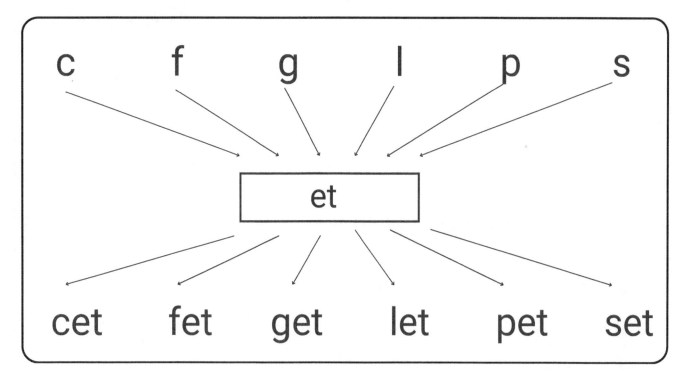

c   f   g   l   p   s

et

cet   fet   get   let   pet   set

un poul**et** - un sach**et** - un coffr**et** - un secret - un compl**et** - un cabin**et** - un proj**et**

1. Remet les syllabes dans le bon ordre puis écris le mot qui correspond.

ca bi net	cof fret	sa chet

-------------------------------- -------------------------------- --------------------------------

let pou	quet ro per	net ro bi

-------------------------------- -------------------------------- --------------------------------

2. Sépare les mot par un trait puis recopie la phrase.

Le|muguetfeleuritaumoisdemai

in   *in*
im   *im*
ein   *ein*
ain   *ain*

timbre

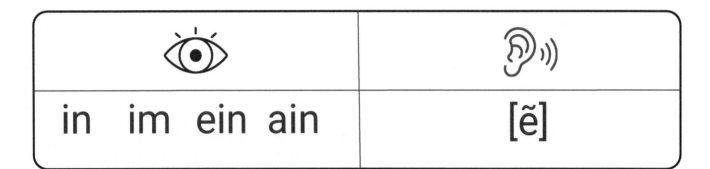

👁	👂
in im ein ain	[ẽ]

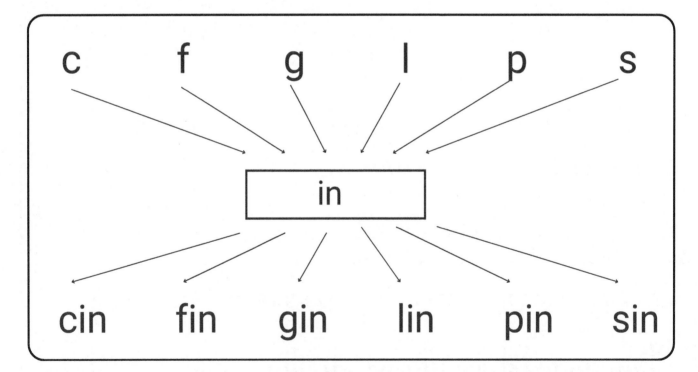

c   f   g   l   p   s

in

cin   fin   gin   lin   pin   sin

un **in**secte - un **in**dien - un bass**in** - une **im**pression - l'**im**parfait

1. Entoure le dessin si tu entends le son [ẽ].

☐ ☐ ☐ ☐ ☐ ☐

2. Entoure les in, im, ein, ain.

IN   im   ein   ou   ain   ai   im   et   In   ain

3. Coche la case dans laquelle tu entends le son [ẽ].

☐☐   ☐☐☐   ☐☐

4. Sépare les mot par un trait puis recopie la phrase.

chaque|matinromainnouritsonlapin

....

on *on*
om *om*

ball**on**

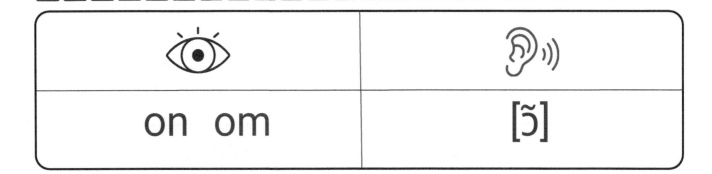

👁	👂))
on om	[õ]

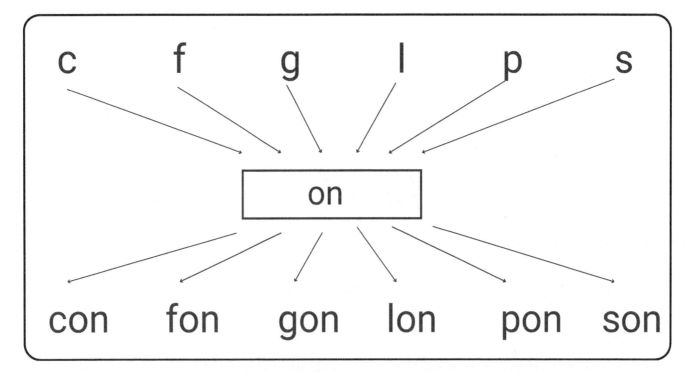

c   f   g   l   p   s

on

con   fon   gon   lon   pon   son

un poiss**on** - un maç**on** - un ball**on** - un sall**on** -
un fauc**on** - un sav**on** - une b**om**be - t**om**ber

1. Coche la case si tu entends le son [ɔ̃].

☐ ☐ ☐ ☐ ☐ ☐

---

*on écrit **om** lorsque a lettre suivante est **m**, **b**, ou **p**. Exemple: **tom**ber*

2. Complète les mots en écrivant **on** ou **om**.

m_____tre   p_____pier   sav_____   b_____be

---

3. Coche la case dans laquelle tu entends le son [ɔ̃].

☐☐   ☐☐   ☐☐   ☐☐

---

4. Sépare les mot par un trait puis recopie la phrase.

L'avionrapidetraverselecielensilence.

....

oi *oi*

oiseau

👁	👂
oi	[wa]

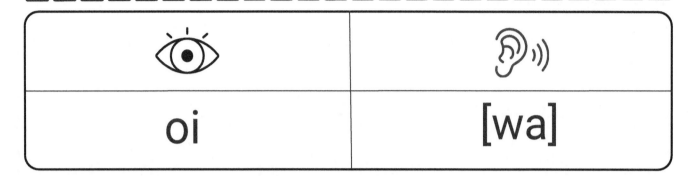

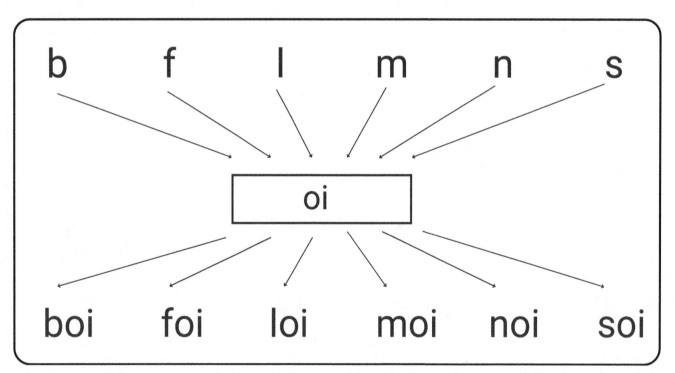

b	f	l	m	n	s

oi

boi   foi   loi   moi   noi   soi

un p**oi**sson - une m**oi**tié - un r**oi** - un ch**oi**x
- un s**oi**r - b**oi**re - une n**oi**x

1. Entoure le dessin si tu entends le son [wa].

3. Relie chaque image au mot qui correspond.

miroire   poire   doigt   bois   tamanoir

4. Remets les mots dans le bon ordre puis écris la phrase.

couronne   or   une   Le   en   porte   roi

ai   ai

ei   ei

fr**ai**ses

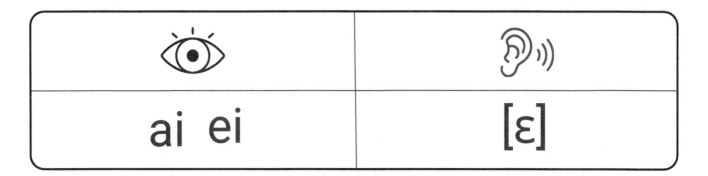

👁	👂
ai ei	[ɛ]

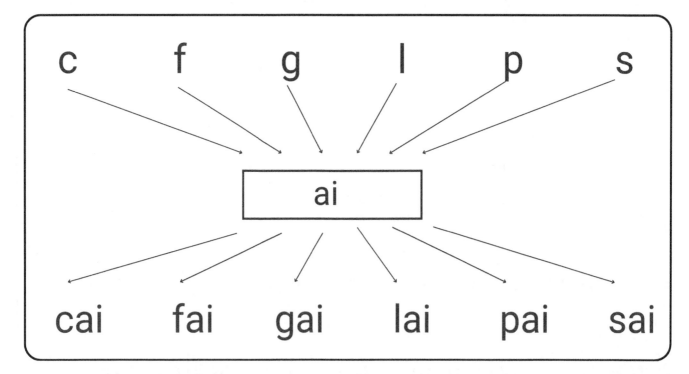

c   f   g   l   p   s

ai

cai   fai   gai   lai   pai   sai

un vr**ai** - un parf**ai**t - j'**ai** - un qu**ai** - un sol**ei**l - un rév**ei**l - un cons**ei**l.

1. Lis les mots puis class-les dans la bonne colonne.

baleine - fontaine - laine - filet - faire - carnet - seize
poulet - maison - crochet

ei	ai	et

2. Reliez les syllabes de la première rangée à celles de la deuxième rangée pour former des mots.

ja   pou   sei   pai   nei   chai
•   •   •   •   •   •

•   •   •   •   •   •
let   re   mais   ze   se   ge

3. Sépare les mot par un trait puis recopie la phrase.

Labaleineestunénormeanimalmarin .

....

....

Ç ç

balançoire

👁	👂))
ç	[s]

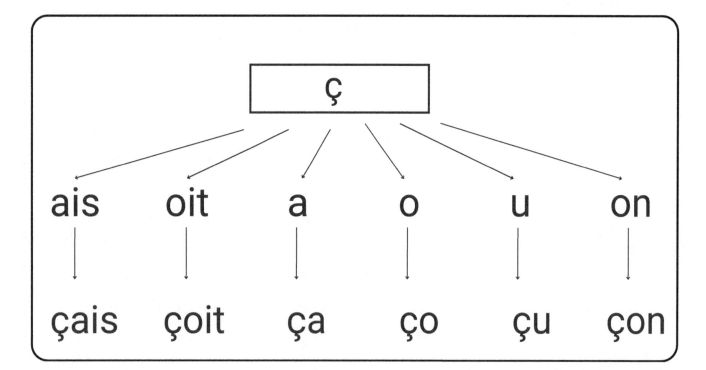

ç

ais → çais
oit → çoit
a → ça
o → ço
u → çu
on → çon

un français - ça - un maçon - une façade - déçu - perçoit.

1. Entoure le dessin si tu entends le son [s].

2. Complète les mots en écrivant **c** ou **ç**.

un re___u   la pla__e   la fa__on   la sau__e

mer_i   le __iel   un ma__on   la fa__ade

3. Souligne les mots qui contiennent 'ç'.

un garçon   un maçon   un limace   un aperçu

4. Remets les mots dans le bon ordre puis écris la phrase.

Camille   a   colis   un   reçu

....

ez er

ez er

cheval**ier**

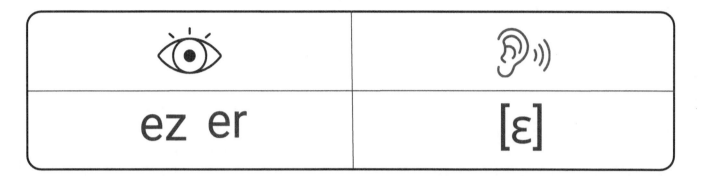 👁	👂
ez er	[ɛ]

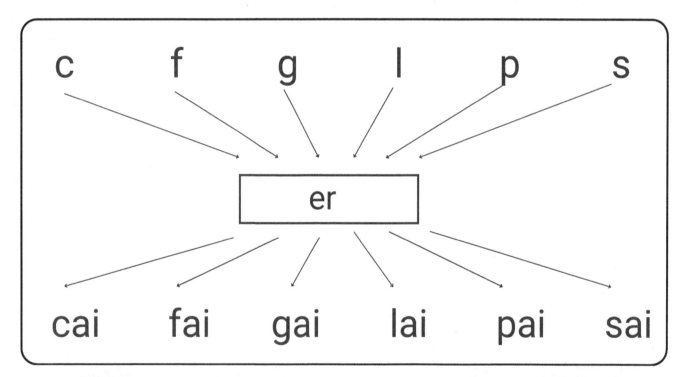

c   f   g   l   p   s

er

cai   fai   gai   lai   pai   sai

le n**ez** - ch**ez** - le rend**ez**-vous - un fermi**er** - tomb**er**.

1. Coche la case dans laquelle tu entends le son [è].

☐☐☐   ☐☐   ☐☐

----

2. Lis les mots puis class-les dons la bonne colonne.

jardinier - boulanger- sablier - chez - danger - pied - crier
nez - janvier - boucher

er	er	ier	ied

Exception:

er se lit souvent **é** à la fin d'un mot sauf:

le fer - super - hier - la mer - le ver a soie - l'hiver - amer

eu eu
œu œu

œufs

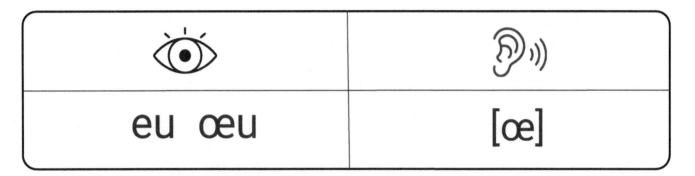

👁	👂
eu œu	[œ]

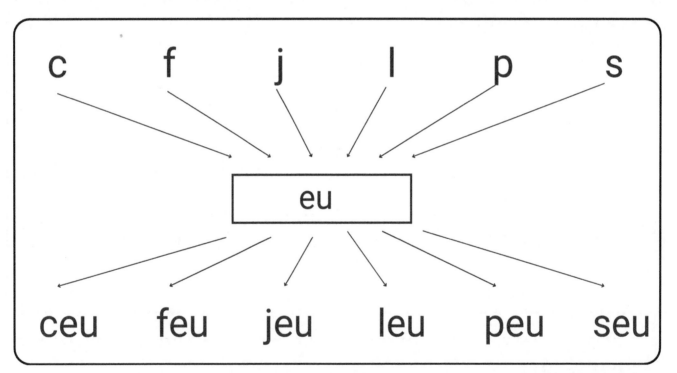

c   f   j   l   p   s

eu

ceu   feu   jeu   leu   peu   seu

une **œu**vre - une s**œu**r - le c**œu**r - un m**eu**ble - un bl**eu** - un j**eu**ne - le f**eu** - n**eu**f.

1. Coche la case si tu entends le son [œ].

☐ ☐ ☐ ☐ ☐ ☐

2. Entoure les eu,œu.

et   in   *Eu*   ou   œu   Eu   *oi*   EU   *ein*   œu

3. Complète les mots suivants en ecrivant **eu** ou **œu.**

une h___re   un ___f   les chev___x   n___f

un c___r   s___l   h___r___x   b___f

4. Sépare les mot par un trait puis recopie la phrase.

Lasoeurdemonamiadeyeuxbleus.

_____

gn gn

cygne

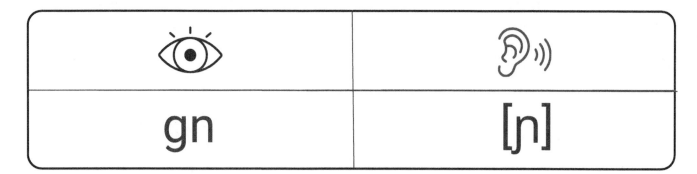

👁	👂
gn	[ɲ]

gn

et → gnet

on → gnon

e → gne

a → gna

ée → gnée

er → gner

une **lign**e - le **sign**e - une campa**gn**e - ga**gn**er - le si**gn**al - un **gn**ome.

1. Coche la case si tu entends le son [ɲ].

☐ ☐ ☐ ☐ ☐

2. Coche le syllabe dans laquelle tu entends le son [gn].

☐☐☐☐   ☐☐   ☐☐☐   ☐☐

3. Entoure les 'gn'.

gn   ei   *Gn*   ou   ge   Gn   *gn*   GN   *ein*   *œu*

4. Sépare les mot par un trait puis recopie la phrase.

L'agneaugambadedanslamontagne.

ph *ph*

phoque

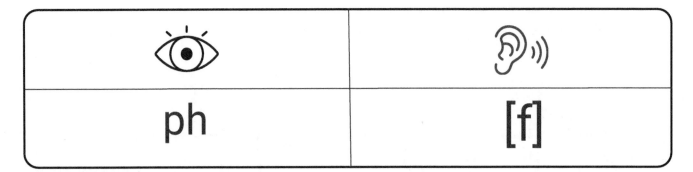

👁	👂
ph	[f]

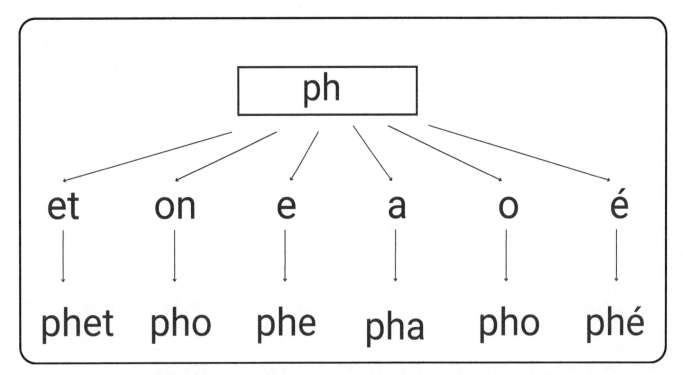

ph

et	on	e	a	o	é
phet	pho	phe	pha	pho	phé

le télégra**ph**e - une **ph**rase - un or**ph**elin
le **ph**énomène - une **ph**oto.

1. Relie chaque image au mots qui correspond.

sphére   pharaon   phoque   téléphone   phare

2. Complète avec **f** ou **ph**.

un dau___in   un ___ermier   un __oulard

une ___leur   une ___oto   un or___elin

un ___ossil   un télé___one   une a___te

une___armacie   ___aire   un nénu___ar

3. Sépare les mot par un trait puis recopie la phrase.

Sophiesouritjoyeusementdanslaphoto .

_____

au au
eau eau

auto

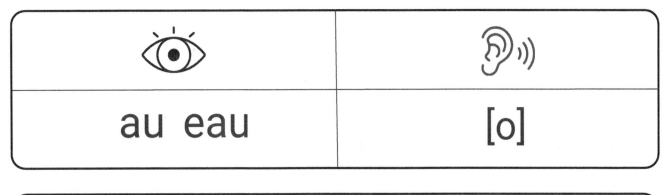	
au eau	[o]

c   f   k   l   p   s

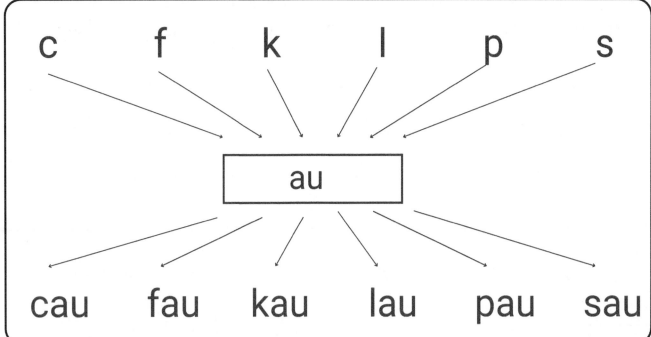

au

cau   fau   kau   lau   pau   sau

une **sau**ce - la **cau**se - un **au**teur - le ch**au**d - un b**eau** - le tabl**eau**

1. Entoure le dessin si tu entends le son [o].

2. Relie chaque dessin au mots qui correspond.

bureau   cadeau   chaussure   bateau   faucon

3. Souligne en **rouge** les mots qui contiennent **au** et en **vert** les mots qui contiennent **eau**.

une peau - faux - le chameau - un réseau
aussi - un tableau - il saute - la sauce -

4. Sépare les mot par un trait puis recopie la phrase.

Lauraportunmanteaumauve

....

oin   *oin*

point

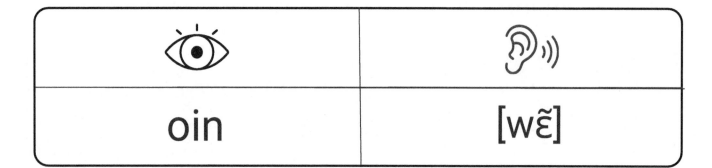	
oin	[wɛ̃]

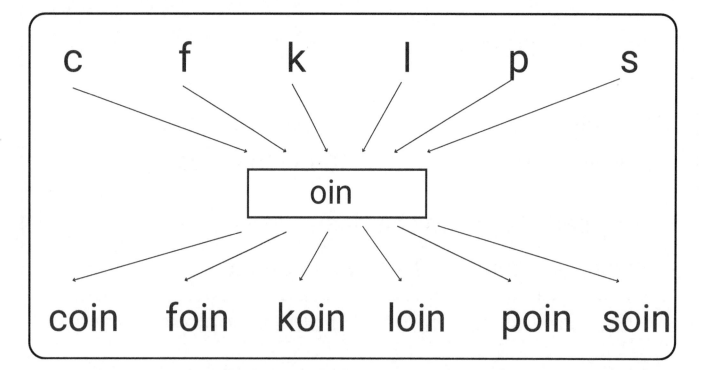

c   f   k   l   p   s

oin

coin   foin   koin   loin   poin   soin

un **loin** - un p**oin**t - un c**oin** - rej**oin**dre - un gr**oin** -
un s**oin** - un p**oin**tu.

1. Entoure le dessin si tu entends le son [wɛ̃].

2. Entoure les oin.

Oin   ain   *oin*   ou   ge   oin   *gn*   OIN   *ein*   *œu*

3. Souligne les mots qui contiennent oin.

loin - le point - un mois - un coin - une chambre -

rejoindre - la peinture - un groin - soin - le pain

4. Remets les mots dans le bon ordre puis écris la phrase.

cochon   gros   un   Le   rose   groin   a

....

ill   *ill*

ab**eill**e

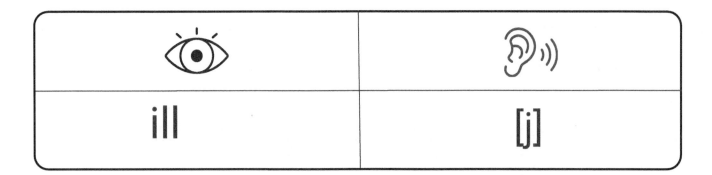

👁	👂
ill	[j]

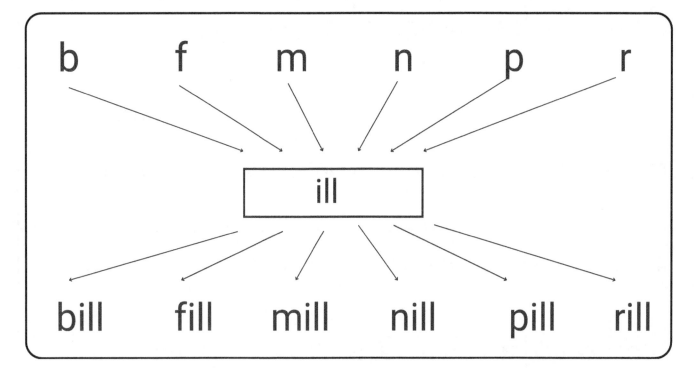

b   f   m   n   p   r

ill

bill   fill   mill   nill   pill   rill

le pap**ill**on - la gr**ill**e - le br**ill**ant - la f**ill**e

1. Entoure le dessin si tu entends le son [j].

2. Entoure les 'ill'.

Oin   ill   *ill*   ou   ge   oin   gn   ILL   ein   *Ill*

3. Coche la case dans laquelle tu entends le son [j].

Exeptions:

La plupart de mots qui contiennent les lettre "ill" se lisent comme dans papillion sauf:

tranquilles - ville - village - mille - million - millard

ail   *ail*

euil   *euil*

ouil   *ouil*

gren**ouill**e

ail aille	eil eille	ouil ouille	euil euille

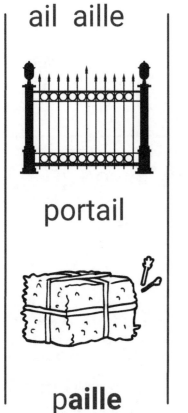

portail

p**aille**

rév**eil**

bout**eil**le

fen**ouil**

d**ouille**

faut**euil**

f**euille**

Exeptions:

A cause des lettre c et g, **eu** *de euil s'écrit à l'envers* **ue:**
argueil, cueillir, accueil.

ui ui

fruits

👁	👂)))
ui	[ɥ]

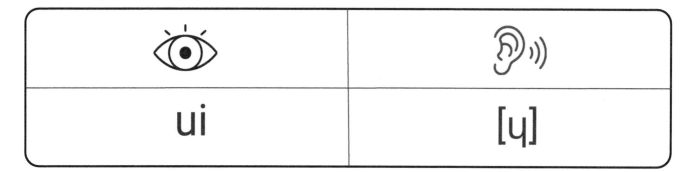

b   f   n   r   s   z

ui

bui   fui   nui   rui   sui   zui

la pluie - la nuit - le bruit - la Suisse - la suite.

1. Relie chaque dessin au mot qui correspond.

buisson
biscuit
nuit
pluie
cuisson
fruits

2. Entoure les 'ui'.

Ui   ou   ain   ui   ein   oin   Ui   ail   ein   oui

3. Remets les mots dans le bon ordre puis écris la phrase.

pluie   verdoyant   La   buisson   arrose le

....

s = [z]

bison

👁	👂
s	[z]

"s" se prononce comme "z" quand c'est entre 2 voyelles

asa - asi - asu - esi - esa - aso - isa - iso - esu

asa - asi - asu - esi - esa - aso - isa - iso - esu

une chose - une case - il refuse - le magasin
le cousin - l'Asie - il propose - la base

Écrire "s" dans la case si tu entends le son "s" et "z" si tu entends le son z

☐ valise

☐ fusée

☐ vest

☐ ressort

☐ vase

☐ dossier

☐ rose

☐ kiosque

☐ méduse

DIPLÔME
DE RÉUSSITE EN LECTURE

NOUS SOMMES FIERS DE DÉCERNER CE DIPLÔME À :

_____

POUR SES EXTRAORDINAIRES COMPÉTENCES EN LECTURE

FÉLICITATIONS POUR CETTE RÉALISATION EXCEPTIONNELLE ! CONTINUE À NOURRIR TON ESPRIT CURIEUX ET À EXPLORER LE MONDE À TRAVERS LES PAGES DES LIVRES. TES COMPÉTENCES EN LECTURE T'OUVRIRONT DES PORTES INFINIES VERS LA CONNAISSANCE ET L'IMAGINATION.

_____   _____
DATE   SIGNATURE

Printed in France by Amazon
Brétigny-sur-Orge, FR

19821952R00065